Culturas comunitarias

Revisar los datos

Leigh McClure

COMPUTACIÓN CIENTÍFICA EN EL MUNDO REAL™

Rosen Classroom™

Publicado en 2018 por The Rosen Publishing Group, Inc. 29 East 21st Street, New York, NY 10010

Autor: Leigh McClure
Traductor: Alberto Jiménez
Directora editorial, español: Nathalie Beullens-Maoui
Editora, español: María Cristina Brusca, Editora, inglés: Caitie McAneney
Diseño del libro: Jennifer Ryder-Talbot

Créditos fotográficos: Cubierta, 4 Rawpixel.com/Shutterstock.com; p. 6, 10, 12, 14 Africa Studio/ Shutterstock.com; p. 8 Jamie Hooper/Shutterstock.com.

ISBN: 9781538355831
6-pack ISBN: 9781538355923

Fabricado en Estados Unidos de América

Información de cumplimiento Lote #WS18RC: Si desea más información póngase en contacto con Rosen Publishing, New York, New York, teléf. 1-800-237-9932

Contenido

Mi comunidad 5

Un proyecto 7

Diferentes culturas 9

Hacer un gráfico 11

¿Qué me dicen los datos? 13

Aprender de los datos 14

Glosario 15

Índice 16

Mi Comunidad

En el mundo hay muchas culturas. Las culturas son los modos de vida de determinados grupos de gente. Estados Unidos alberga muchas culturas.

Mi comunidad también tiene muchas culturas. ¿Qué aprendo sobre las culturas de la comunidad obsevando datos?

Un proyecto

Lo primero es recopilar datos. Utilizo mi computadora para escribir una nota sobre mi **proyecto**. Añado una pregunta al final: "¿Cuál es la cultura de tu familia?". Muchos tienen más de una cultura o **herencia cultural**. Les pido que elijan una entre todas las que sienten como propias.

Diferentes culturas

Imprimo las notas. Se las entrego a gente de mi vecindario y después, las **recojo** al día siguiente. ¡Mucha gente participa en mi proyecto! Cuento cinco culturas: polaca, indoamericana, alemana, afroamericana y puertorriqueña.

Hacer un gráfico

Hago un gráfico con mis datos. Pongo una marca por cada familia de una cultura determinada. Cinco familias tienen herencia cultural polaca. Cuatro familias son indoamericana. Dos familias tienen herencia cultural alemana. Tres familias son afroamericanas. Seis familias tienen herencia cultural puertorriqueña.

polacos	IIIII
indoamericanos	IIII
alemanes	II
afroamericanos	III
puertorriqueños	IIIIII

¿Qué me dicen los datos?

Reviso mi gráfico. Veo que el mayor número de marcas lo tiene la cultura puertorriqueña. El menor número de marcas lo tiene la cultura alemana. ¿Qué más puedo observar en los datos representados en mi gráfico? Sé que hay más familias polacas que afroamericanas.

polacos	IIIII
indoamericanos	IIII
alemanes	II
afroamericanos	III
puertorriqueños	IIIIII

Aprender de los datos

Hago un gráfico circular y otro de barras para ver mis datos de formas distintas. Aprendo mucho de mis datos, sobre todo, que en mi comunidad ¡hay mucha **diversidad**!

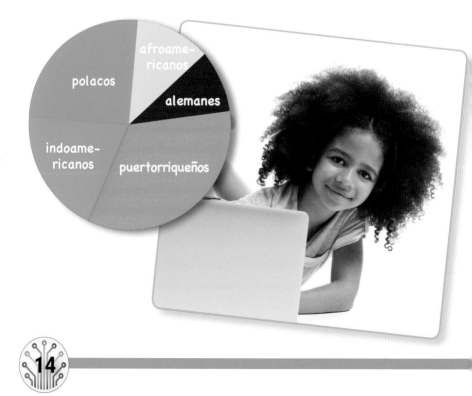

Glosario

diversidad: Variado. Con muchas cosas distintas.

Herencia cultural: Algo procedente de los antepasados de una familia o un grupo.

proyecto: Algo que hacer.

recoger: Reunir.

Índice

A

afroamericano, 9,
   11, 13, 14
alemán, 9 , 11,
   13, 14

C

comunidad, 5, 14,
cultura, 5, 7, 9,
   11, 13

D

diversidad, 14

F

familia, 7, 11 13,
   14

I

indoamericano ,
   9, 11 , 13 , 14

P

polaco, 9 , 11,
   13, 14
puertorriqueño,
   9, 11 13, 14
proyecto, 7, 9